coleção primeiros
39 passos

CB067625

Silvia T. Maurer Lane

O QUE É PSICOLOGIA SOCIAL

editora brasiliense

copyright © by Silvia T. Maurer Lane
Nenhuma parte desta publicação pode ser gravada, armazenada em sistemas eletrônicos, fotocopiada, reproduzida por meios mecânicos ou outros quaisquer sem autorização prévia do editor.

Primeira edição, 1981
22ª edição, 1994
12ª reimpressão, 2017

Diretora Editorial: *Maria Teresa B. de Lima*
Coordenação de Produção: *Laidi Alberti*
Foto de capa: *Carlos Amaro*
Caricaturas: *Emílio Damiani*
Revisão: *José E. Andrade*
Capa: *123 (antigo 27) Artistas Gráficos*

Dados Internacionais de Catalogação na Publicação (CIP)(Câmara Brasileira do Livro, SP, Brasil)

Lane, Silvia T. Maurer
O que é Psicologia Social/ Silvia T. Maurer Lane. -- São Paulo : Brasiliense, 2006. – (Coleção Primeiros Passos ; 39)

ISBN 978-85-11-01039-8

1. Psicologia social I. Título. II. Série.

06-0127 CDD-302

Índices para catálogo sistemático: 1. Psicologia Social

Editora Brasiliense Eireli
Rua Antonio de Barros, 1586 – Tatuapé
CEP: 03401-001 – São Paulo – SP
www.editorabrasiliense.com.br

ÍNDICE

— Introdução: Psicologia e Psicologia Social 7
— Como nos tornamos sociais 12
  — Os outros 12
  — A identidade social 16
  — Consciência de si 22
— Como apreendemos o mundo que nos cerca 25
  — A linguagem 25
— A história via família e escola 38
  — A família 38
  — A escola 46
— Trabalho e classe social 55
— O indivíduo na comunidade 67
— A Psicologia Social no Brasil 75
— Indicações para leitura 85

INTRODUÇÃO: PSICOLOGIA E PSICOLOGIA SOCIAL

Sem entrarmos na análise das diferentes teorias psicológicas, podemos dizer que a Psicologia é a ciência que estuda o *comportamento,* principalmente, do ser humano. As divergências teóricas se refletem no que consideram "comportamento", porém para nós bastaria dizer que é toda e qualquer ação, seja a reflexa (no limiar entre a psicologia e a fisiologia), sejam os comportamentos considerados conscientes que envolvem experiências, conhecimentos, pensamentos e ações intencionais, e, num plano não observável diretamente, o inconsciente.

Assim parece óbvio que a Psicologia Social deve estudar o comportamento social, porém surge uma questão polêmica: quando o comportamento se torna social? Ou então, são possíveis comportamentos não sociais nos seres humanos?

Cada organismo humano tem suas características peculiares; assim como não existem duas árvores iguais, também não existem dois organismos iguais. Mesmo que geneticamente sejam idênticos, no caso de gêmeos, as primeiras interações dos organismos com o ambiente já provocam diferenças entre eles, assim como: mais ou menos luz, som, enfim, diferentes estímulos que levam a diferentes reações já propiciam uma diferenciação nos dois organismos.

A Psicologia se preocupa fundamentalmente com os comportamentos que individualizam o ser humano, porém, ao mesmo tempo, procura leis gerais que, a partir das características da espécie, dentro de determinadas condições ambientais, prevêem os comportamentos decorrentes. Como exemplo, sabemos que a aprendizagem é conseqüência de reforços e/ou punições, ou seja, sempre que um comportamento for reforçado (isto é, tenha como conseqüência algo bom para o indivíduo), em situações semelhantes é provável que ele ocorra novamente. Dizemos então que o indivíduo *aprendeu* o comportamento adequado para aquela situação.

O enfoque da Psicologia Social é estudar o comportamento de indivíduos no que ele é influenciado socialmente. E isto acontece desde o momento em que nascemos, ou mesmo antes do nascimento, enquanto condições históricas que deram origem a uma família, a qual convive com certas pessoas, que sobrevivem trabalhando em determinadas atividades, as quais já influenciam na maneira de encarar e cuidar da gravidez e no que significa ter um filho.

Esta influência histórica-social se faz sentir, primordialmente, pela aquisição da linguagem. As palavras, através dos significados atribuídos por um grupo social, por uma cultura, determinam uma visão de mundo, um sistema de valores e, conseqüentemente, ações, sentimentos e emoções decorrentes.

As leis gerais da Psicologia dizem que se apreende quando reforçado, mas é a história do grupo ao qual o indivíduo pertence que dirá o que é reforçador ou o que é punitivo. O doce ou o dinheiro, o sorriso ou a expressão de desagrado podem ou não contribuir para um processo de aprendizagem, dependendo do que eles significam em uma dada sociedade. Assim também aquilo que "deve ser apreendido" é determinado socialmente.

Da mesma forma, as emoções que são respostas do organismo e, como tais, universais, se submetem às influências sociais ao se relacionarem com o que nos alegra, nos entristece, nos amedronta. O se sentir alegre com a vitória do time, triste com o filme ou com uma música, o ter medo do trovão ou do avião, são exemplos que mostram o quanto nossas emoções decorrem desta visão de mundo que adquirimos através dos significados das palavras.

Assim podemos perceber que é muito difícil encontrarmos comportamentos humanos que não envolvam componentes sociais, e são, justamente, estes aspectos que se tornaram o enfoque da Psicologia Social. Em outras palavras, a Psicologia Social estuda a relação essencial entre o indivíduo e a sociedade, esta entendida historicamente, desde como seus membros se organizam para garantir sua sobrevivência até seus costumes, valores e instituições necessários para a continuidade da sociedade.

Porém a história não é estática nem imutável, ao contrário, ela está sempre acontecendo, cada época gerando o seu contrário, levando a sociedade a transformações fundamentalmente qualitativas. E a grande preocupação atual da Psicologia Social é conhecer como o homem se insere neste processo histórico, não apenas em como ele é determinado, mas principalmente, como ele se torna agente da história, ou seja, como ele pode transformar a sociedade em que vive.

É o que procuraremos analisar nos próximos capítulos. Inicialmente, veremos como somos determinados a agir de acordo com o que as pessoas que nos cercam julgam adequado, e para tanto iremos examinar dois aspectos intimamente relacionados: os outros, ou seja, o grupo ou grupos a que pertencemos, e como nós, nesta convivência, vamos definindo a nossa identidade social.

Num segundo momento, analisaremos como se forma a nossa concepção de mundo e das coisas que nos cercam, através da linguagem, e como ela determina valores e explicações, de modo a manter constantes as formas de relações entre os homens (a ideologia e representações sociais); veremos ainda a relação entre falar e fazer, a mediação do pensamento e o desenvolvimento da consciência social.

Em terceiro lugar, uma análise de instituições como família, escola, levando à reprodução das condições sociais, e em que circunstâncias elas podem propiciar o desenvolvimento da consciência social.

Uma ênfase especial será dada para o trabalho humano, na sua relação com as classes sociais, e em que condições ele pode gerar consciência de classe, fazendo dos indivíduos agentes da história de sua sociedade; em seguida, veremos como a Psicologia Comunitária propõe uma ação educativa e conscientizadora pelo desenvolvimento de relações comunitárias.

Por último, veremos como a Psicologia Social tem se desenvolvido como ciência, em outras partes do mundo e, principalmente, no Brasil de hoje.

COMO NOS TORNAMOS SOCIAIS

Os outros

O ser humano ao nascer necessita de outras pessoas para a sua sobrevivência, no mínimo de mais uma pessoa, o que já faz dele membro de um grupo (no caso, de uma díade — grupo de dois[1]). E toda a sua vida será caracterizada por participações em grupos, necessários para a sua sobrevivência, além de outros, circunstanciais ou esporádicos, como os de lazer ou aqueles que se formam em função de um objetivo imediato.

(1) Existem relatos de crianças que foram criadas por animais, como lobos, macacos, etc., adquirindo comportamentos da espécie que as criou, necessários para a sua sobrevivência. Quando trazidas para o convívio humano as suas adaptações, quando ocorreram, foram extremamente difíceis e sofridas.

Assim, desde o primeiro momento de vida, o indivíduo está inserido num contexto histórico, pois as relações entre o adulto e a criança recém-nascida seguem um modelo ou padrão que cada sociedade veio desenvolvendo e que considera correta. São práticas consideradas essenciais, e, portanto, valorizadas; se não forem seguidas dão direito aos "outros" de intervirem direta ou indiretamente. E, quando se fala em "dar o direito", significa que a sociedade tem normas e/ou leis que institucionalizam aqueles comportamentos que historicamente vêm garantindo a manutenção desse grupo social.

Em cada grupo social encontramos normas que regem as relações entre os indivíduos, algumas são mais sutis, ou restritas a certos grupos, como as consideradas de "bom-tom", outras são rígidas, consideradas imperdoáveis se desobedeci das, até aquelas que se cristalizam em leis e são passíveis de punição por autoridades institucionalizadas. Estas normas são o que, basicamente, caracteriza os papéis sociais, e que determina as relações sociais: os papéis de pai e de mãe se caracterizam por normas que dizem como um homem e uma mulher se relacionam quando eles têm um filho, e como ambos se relacionam com o filho e este, no desempenho de seu papel, com os pais.

Do mesmo modo, o chefe de uma empresa só o será, em termos de papel, se houver chefiados que, exercendo seus respectivos papéis, atribuam um sentido à ação do chefe. Ou seja, um complementa o outro: para agir como chefe tem que ter outros que ajam como chefiados. Esta análise poderia ser feita em todas as relações sociais existentes em qualquer sociedade — amigos, namorados, estranhos na rua, que interagem circunstancialmente, balconista e freguês — em relação a todos existem expectativas de comportamentos mais ou menos definidos e quanto mais a relação social for fundamental para a manutenção do grupo e da sociedade, mais precisas e rígidas são as normas que a definem.

E a pergunta que sempre ocorre é: e a individualidade? Aquelas características peculiares de cada indivíduo? Afinal, se nós apenas desempenhamos papéis, e tudo que se faz tem sua determinação social, onde ficam as características que individualizam cada um de nós?

A resposta é, mais ou menos, como aquela estória do pai dizendo à filha: "Você pode se casar com quem quiser, desde que seja com o João...". Em outras palavras, podemos fazer todas as variações que quisermos, *desde que* as relações sejam mantidas, isto é, aquelas características do papel que são essenciais para que a sociedade se mantenha tal e qual.

Existem teorias que definem os papéis sociais em termos de graus máximos e mínimos, de variações possíveis, e exemplificam com fatos como: a rainha Elizabeth (Inglaterra), na abertura do Parlamento, desempenha um papel totalmente definido; qualquer ação ou não ação que saia fora do protocolo gera confusão. Por outro lado, quando Zé da Silva está em um país estranho, se aventurando por conta própria (sem ser um "turista" o que já é um papel), se passando por um cidadão comum, sem ter as determinações daquela sociedade e, sabendo que a qualquer momento ele poderá se explicar como sendo estrangeiro, ele se dá o direito de fazer como sente, como gosta, "ele pode ser ele mesmo", ou seja, fazer coisas que não faria se as pessoas o conhecessem, o identificassem como filho de "fulano", casado com "sicrana", que trabalha na firma X...

Agora podemos pensar em toda a variedade de situações que nós vivemos cotidianamente e reconhecermos situações em que somos mais determinados e outras em que somos menos determinados, ou seja, "livres".

Esta liberdade de manifestarmos a nossa personalidade[2] também tem a sua determinação histórica: naquelas atividades sociais que não são importantes para a manutenção da sociedade, ou, às vezes, até o contrário, a contravenção é necessária para reforçar o considerado "correto", "normal" — os

(2) Personalidade entendida como o conjunto de características biofisio-sócio-psicológicas peculiares ao indivíduo.

grupos considerados "marginais" reafirmam os sérios e trabalhadores, desde que não ponham em risco a ordem da sociedade; então a ordem é: façam como quiserem, sabendo que o "querer" é limitado; porém, naquelas situações, as quais podem abalar todo o sistema de produção da sobrevivência social, a liberdade se restringe a um "estilo" (ser mais ou menos sorridente, mais ou menos sério, mais expansivo ou mais tímido, entre outros). Assim como a rainha Elizabeth na abertura do Parlamento, o trabalhador se relaciona com suas ferramentas e máquinas, com seus chefes e mesmo com seus colegas de trabalho segundo um protocolo muito bem definido, pois, afinal, se ele não o fizer, o outro se sairá melhor, ou ele perderá o emprego.

O viver em grupos permite o confronto entre às pessoas e cada um vai construindo o seu "eu" neste processo de interação, através de constatações de diferenças e semelhanças entre nós e os outros. É neste processo que desenvolvemos a individualidade, a nossa identidade social e a consciência-de-si-mesmo.

A identidade social

É o que nos caracteriza como pessoa, é o que respondemos quando alguém nos pergunta "quem é você?".

Procurem responder esta questão antes de continuar a leitura, e verifiquem como se define a identidade social de cada um na seqüência do texto.

Uma jovem adolescente respondeu:

"Quem sou eu

Bem, é um pouco difícil dizer quem sou e como sou. Mas posso tentar:

Fisicamente sou magra, estatura média pele muito clara, olhos esverdeados, cabelos castanhos e compridos, rosto fino, nariz arrebitado, com cara de moleca, mas corpo de mulher.

Psicologicamente sou tagarela, brincalhona, expansiva, briguenta, triste, agressiva e estúpida (minha mãe que o diga). Estou fazendo pela 4º vez o primeiro colegial, tenho 17 anos e completo 18, em outubro, dia 31, sou de 1963.

Meu signo é Escorpião, geniozinho difícil. Não sou fanática por estudos, mas estou tentando.

Faço e adoro ballet assim como artes em geral, leio bastante, vou ao cinema mas são poucos os filmes intelectualmente bons, gosto muito de Wood Alen mas ainda não vi seu último filme *Memórias*. Em literatura, gosto de romances antigos e de autores brasileiros como Mario de Andrade, Cecília Meirelles, Graciliano Ramos e Fernando Pessoa entre outros.

Gosto de estar sempre a par de tudo, como artes, política, atualidade, economia e tudo que ocorre ao redor da gente.

Sou bem complicada, não?

Gosto também de música popular e tenho afeição especial por Chico Buarque, Milton Nascimento e Rita Lee, gosto também de Mozart e Tchaikovsky (isto por causa do ballet).

Tenho como ídolo nº 1 Mikhail Baryshnikov, bailarino russo, atualmente residente nos EUA; é diretor do American Ballet Theatre de Nova Iorque, mas também dança com o New York City Ballet; bem, eu estou falando de mim e não do MISHA (seu apelido), chega de ballet. O que mais posso dizer...

Ah! Não tenho namorado, nem sou apaixonada por ninguém, mas gosto de ter amigos e estar sempre cercada de gente.

Bem, eu sou assim, uma pessoa que faz o que gosta e luta pelo que quer, sonhadora, mas realista, acho que sou alguém indecifrável, sou uma incógnita para mim mesma".

O relato acima nos permite caracterizar, em primeiro lugar: o sexo, a aparência física e traços de personalidade que demonstram como ela se relaciona com os outros e dá "dicas" sobre como deve ser o seu grupo de amigos: se estes não forem descontraídos, dificilmente a aceitarão no grupo. A menção da idade e do curso que faz a localizam numa faixa etária, com determinado nível educacional, que se complica com a menção do signo e de "não ser fanática por estudo", ou seja, possivelmente seu grupo preferido de pares não está na escola.

O fazer ballet e as coisas de que gosta dizem sobre quais os grupos que são importantes para ela e, sem dúvida, indicam toda uma estimulação intelectual que, não vindo da escola, deve estar presente no contexto familiar, e no grupo de ballet. (Para constatar estas inferências precisaríamos também da sua história de vida.)

É interessante observar um certo tom de mistério, desde achar difícil dizer "quem é" até se sentir "indecifrável, uma incógnita" — uma forma de não se comprometer definitivamente com uma identidade — ela nos dá o seu potencial e guarda para si os aspectos idealizados para o futuro. Este aspecto da representação de si mesmo parece ser uma característica de adolescente do qual não é exigida uma definição precoce e cujo ambiente social deve enfatizar a autodeterminação do jovem sem impor modelos "bons" a serem seguidos.

Vejam este outro texto como ilustra bem esta procura de preservação:

"Eu sou um cara simples
Eu sou feio
Eu sou simpático
Eu sou fácil de encontrar
Eu sou *difícil de se entender**
Eu sou meio cristão
Eu sou extrovertido (tímido em certas ocasiões)

(*) Grifos nossos.

Eu sou implicante
Eu sou um *cara que não sabe o que é...* *
Eu sou um cara que gosta de gostar
Eu sou um cara que detesta politicagem
Eu sou um cara que adora mexer com o desconhecido
Eu sou um cara que odeia racismo
Eu sou um cara que não *gosta de escrever o que é**
Eu sou um cara que gosta de fazer xixi na rua"

E notem a última frase que parece dizer: "não me amolem, afinal não gosto de escrever a meu respeito", ou "me deixem ser criança".

Estes dois relatos enfatizam características peculiares que dizem respeito à maneira de cada um se relacionar com os outros, sendo características que foram sendo apreendidas nas relações grupais; sejam familiares e/ou de amigos, através do desempenho de papéis diversificados. E é nessa diversidade que eles vão se descobrindo um indivíduo diferente, distinto dos outros. Nossos amigos deixaram de ser um, entre muitos da espécie humana e passaram a ser pessoas com características próprias no confronto com outras pessoas — eles têm suas *identidades sociais* que os diferenciam dos outros.

(*) Grifos nossos.

Eu não gosto de escrever o que sou e gosto de fazer xixi na rua.

Consciência de si

Para finalizar este capítulo é importante uma reflexão sobre o que, de fato, representa a identidade social, definida pelo conjunto de papéis que desempenhamos. Como vimos, estes papéis atendem, basicamente, à manutenção das relações sociais representadas, no nível psicológico, pelas expectativas e normas que os outros envolvidos esperam sejam cumpridas ("sou expansiva, brincalhona" ou, simplesmente, "simpático, extrovertido").

É neste sentido que questionamos quanto a "identidade social" e "papéis" exercem uma mediação ideológica, ou seja, criam uma "ilusão" de que os papéis são "naturais e necessários", e que a identidade é conseqüência de "opções livres" que fazemos no nosso conviver social, quando, de fato, são as condições sociais decorrentes da produção da vida material que determinam os papéis e a nossa identidade social.

É diante desta questão que julgamos necessário levantar o problema da *consciência em si.*

Se assumirmos que somos essencialmente a nossa identidade social, que ela é conseqüência de opções que fazemos devido a nossa constituição biogenética, ou temperamento, ou mesmo atrações de personalidade, como aspectos herdados geneticamente, sem examinarmos as condições sociais que, através da nossa história pessoal, foram determinando a aquisição dessas características que nos definem, só poderemos estar reproduzindo o esperado pelos grupos que nos cercam e julgados "bem ajustados".

Porém, se questionarmos o quanto a nossa história de vida é determinada pelas condições históricas do nosso grupo social, ou seja, como estes papéis que aprendemos a desempenhar foram sendo definidos pela nossa sociedade, poderemos constatar que, em maior ou menor grau, eles foram sendo engendrados para garantir a manutenção das relações sociais necessárias para que as relações de produção da vida se reproduzam sem grandes alterações na sociedade em que vivemos. Ou seja, constataremos que nossos papéis e a nossa identidade reproduzem, no nível ideológico (do que é "idealizado", valorizado) e no da ação, as relações de dominação, como maneiras "naturais e universais" de ser social, relações de dominação necessárias para a reprodução das condições materiais de vida e a manutenção da sociedade de classes onde uns poucos dominam e muitos são dominados através da exploração da força de trabalho.

Apenas quando formos capazes de, partindo de um questionamento deste tipo, encontrar as razões históricas da nossa sociedade e do nosso grupo social que explicam por que agimos hoje da forma como o fazemos é que estaremos desenvolvendo a consciência de nós mesmos.

Deste modo entendemos que a consciência de si poderá alterar a identidade social, na medida em que, dentro dos grupos que nos definem, questionamos os papéis quanto à sua determinação e funções históricas — e, na medida em que os membros do grupo se identifiquem entre si quanto a esta determinação e constatem as relações de dominação que reproduzem uns sobre os outros, é que o grupo poderá se tornar agente de mudanças sociais. "A consciência individual do homem só pode existir nas condições em que existe a consciência social" (A. Leontiev, O *Desenvolvimento do Psiquismo,* p. 88).

Porém este processo não é simples, pois os grupos e os papéis que os definem são cristalizados e mantidos por instituições que, pelo seu próprio caráter, estão bem aparelhadas para anular ou amenizar os questionamentos e ações de grupos, em nome da "preservação social".

Mas antes de analisar como as instituições determinam nossas ações sociais, é preciso entender ainda alguns aspectos básicos do nosso comportamento social: a linguagem, o pensamento, a representação que fazemos do mundo e a própria consciência, como processos psicológicos fundamentais para a nossa relação com os outros.

COMO APREENDEMOS O MUNDO QUE NOS CERCA

A linguagem

"A linguagem é aquilo através do que se generaliza a experiência da prática sócio-histórica da humanidade" (Leontiev, *op. cit.,* p. 172).

Pelo que tudo indica, a linguagem se desenvolveu historicamente quando os seres humanos tiveram que cooperar para a sua sobrevivência. Da mesma forma como criaram instrumentos necessários para uma prática de sobrevivência, desenvolveram a linguagem como forma de generalizar e transmitir esta prática. O trabalho cooperativo, planejado, que submete a natureza ao homem, só foi possível através do desenvolvimento da linguagem pelos grupos sociais humanos.

Nos tempos primitivos, quando os grupos sociais trabalhavam para a sua sobrevivência com divisões simples de trabalho, a relação palavra-objeto determinava significados facilmente objetivados para aquele "som" ou conjunto de fonemas. Na medida em que as relações entre os homens vão se tornando mais complexas, em decorrência de uma complexidade maior na divisão de trabalho, onde o produto pode ser acumulado (pois a sobrevivência está garantida), surgindo a propriedade privada, a linguagem também se torna mais complexa; ela deixa de atuar apenas num nível prático-sensorial para ir se tornando também genérica, abstrata, atendendo às novas atividades engendradas social e historicamente: artes, religião, modas, tecnologias,educação, formas de lazer, etc., e assim a linguagem, instrumento e produto social e histórico, se articula com significados objetivos, abstratos, metafóricos, além dos neologismos e gírias de cada época.

Até o momento nos referimos apenas à linguagem, à ação de falar, porém não podemos esquecer que ela não é o único código de comunicação, a ponto de Skinner definir o comportamento verbal como sendo "todo aquele comportamento reforçado através da mediação de outras pessoas", e assim incluindo, além do falar, o escrever, os sinais, gestos, código' Morse, e até os rituais. Esta definição é muito importante para ressalvar o caráter instrumental da linguagem, que se, de início, tinha que ser objetiva (coisa = significado), hoje adquiriu uma autonomia tal que permitiu mais uma divisão de trabalho: a manual *versus* a intelectual.

Vocês dirão que tanto o trabalhador manual como o intelectual usam palavras, gestos, ritos. E, mais, o intelectual não é quem fala — é quem *pensa*!

Então eu pergunto: vocês já tentaram pensar sem palavras? Não parece o dilema de "quem nasceu primeiro: o ovo ou a galinha?."

A origem social da linguagem nos dá pistas para uma resposta: a linguagem surge para *transmitir* ao outro o resultado, os detalhes de uma atividade ou da relação entre uma ação e uma conseqüência. Hoje, na sociedade, as crianças nascem em grupos "falantes" e que só as vão considerar "gentes" quando elas falarem. Mas se vocês observarem nenês, antes deles aprenderem a falar (não apenas emitir sons ou vocalizações) , poderão constatar que eles relacionam as coisas: eles pensam sobre as coisas que estão *aqui* e *agora.* Experimentem esconder o chocalho debaixo do lençol. Ele vai direto buscar o seu brinquedo debaixo do lençol — isto já é pensar.

Sabemos que a complexidade da nossa sociedade é histórica e que se iniciou com o homem transformando a natureza e se transformando. De alguma maneira, o nosso nenê vai ter que percorrer a história rapidamente. Ele nasceu em uma sociedade que separa o *fazer* do *falar,* logo ele tem que ser capaz de usar o *seu pensar* de *modo* a ser capaz de fazer o que os adultos fazem, e, para tanto, ele *tem que* falar.

Hoje, os estudos sobre o desenvolvimento intelectual mostram *como* a aquisição da linguagem (ou comportamento verbal, conforme definido acima) é condição essencial para o chamado desenvolvimento intelectual, isto é, ser capaz de generalizações, abstrações, figuração, em outras palavras, superar o *aqui* e *agora:* planejando, prevendo, lembrando, simbolizando, idealizando...

Mas acontece que nós não somos apenas *pensadores-falantes;* somos, antes de mais nada, *fazedores* de coisas, de instrumentos que produzem fogo, comida, guerra, beleza e... a nós mesmos— fazedores de coisas. Porém, o objeto pensado, idealizado, ainda não existe, é preciso que se desenvolva uma série de ações físicas sobre as coisas que nos cercam para concretizar o objeto pensado; a sua existência é produto da nossa atividade e, ao fazê-lo, nossa atividade se objetiva no produto final, enquanto nós nos transformamos neste processo de fazer.

De fato, é impossível separarmos *agir — pensar – falar,* e sempre que isto é feito, seja teoricamente, seja em termos de valores, ocorre uma alienação da realidade; *agir sem pensar* é ser um autômato; falar sem pensar é ser como um papagaio; falar sem agir... "de boas intenções o inferno está cheio".

Retomando, vimos como a linguagem é produzida socialmente, pela atribuição de significados às palavras. Assim, o grosso dicionário objetiva as palavras com as suas significações, porém elas nada mais têm a ver com os objetos materiais a que se referem. Leontiev dá um exemplo perfeito: "O alimento é, sem dúvida, um objeto material; no entanto, o significado da palavra alimento não contém um grama de substância alimentícia". É nesta distinção entre palavra e objeto, a que se refere, que podemos detectar como a linguagem muitas vezes se torna uma arma de dominação.

A palavra se torna poderosa quando alguma "autoridade" social impõe um significado único e inquestionável, que determina uma ação automática. Terwilliger analisa este aspecto da linguagem em situações como a hipnose, a lavagem cerebral, o comando militar.

No primeiro caso, o hipnotizador tem que obter uma passividade total do hipnotizado ("relaxe, você vai dormir"), ou seja, uma total submissão à sua voz, às suas palavras, para em seguida sugerir situações e as reações e/ou ações conseqüentes ("hoje está muito frio, está até caindo neve e você sem agasalho", e o hipnotizado reage tremendo de frio, esfregando as mãos, se agasalhando com os braços...). Por outro lado, se o hipnotizador falar sobre situações totalmente desconhecidas ao hipnotizado, seja através de descrições ou experiências, provavelmente nada ocorrerá, seria como alguém falando num idioma totalmente desconhecido; mas a referência a situações conhecidas as torna reais para o sujeito, mesmo que, para alguém observando de fora, elas se apresentem como imaginárias.

Quanto ao comando militar, podemos observar que toda a disciplina e hierarquia militar se baseiam no princípio de que qualquer ordem é lei, e, se desobedeci da; acarreta necessariamente um dano físico — desde a punição até a morte. A insubordinação é negação da própria instituição: portanto nenhuma ordem pode ser questionada e, neste sentido, as palavras têm só *um* significado possível, para que a ação ocorra automaticamente ao som do comando, isto é, o soldado não pode, nem deve pensar, pois seus superiores pensam por ele. Todo o seu treinamento foi feito visando assegurar a obediência cega de todos para que os objetivos finais propostos pela ordem inicial e, gradualmente, operacionalizada pela hierarquia de comando se concretizem pela ação conjunta do "corpo" militar.

No caso da lavagem cerebral, o processo que ocorre é o de eliminar significados existentes, atribuindo-se às palavras novos significados, o que é conseguido, impedindo que o prisioneiro se comunique com pessoas que poderiam estar reforçando ou mantendo os seus significados originais. Ele só pode se relacionar com pessoas que não admitam

A hipnose em idioma desconhecido: um fracasso.

qualquer questionamento e que só emitam os novos significados, como sendo os únicos possíveis, mas é preciso que estas pessoas sejam significativas para o prisioneiro e, para tanto, criam-se condições físicas e psicológicas de total abandono, através de isolamento, cansaço, fome, etc., para que alguém se torne necessário e a lavagem cerebral seja eficaz.

E é ainda Terwilliger que, jocosamente, comenta que as autoridades militares não sabem como treinar seus soldados para que eles não se submetam tão facilmente a lavagens cerebrais, quando aprisionados. A solução no entanto, seria bem simples: é só ensinar o soldado a pensar, a questionar as ordens dadas... Mas tudo indica que esta seria uma solução jamais endossada pelos comandantes militares.

Podemos, então, concluir que a contra-arma do poder da palavra se encontra na própria natureza do significado: é ampliá-lo, é questioná-lo, é pensar sobre ele e não, simplesmente, agir em resposta a uma palavra. Entre a palavra e a ação deverá sempre existir o pensamento para não sermos dominados por aqueles que detêm o poder da palavra.

Cabe ainda uma análise de como a linguagem exerce a mediação entre nós e o mundo, na medida em que ela permite a elaboração de *representacões sociais*. Ou seja, é através delas que descrevemos, explicamos e acreditamos na nossa realidade e o

É só ensinar o soldado a pensar, a questionar as ordens dadas... Mas...

fazemos de acordo com o nosso grupo social. São representações sociais afirmações como: “a Terra tem a forma de uma laranja”, “o dia e a noite são decorrentes do movimento de rotação da Terra”, ou ainda, “a nossa vida já vem escrita pelo destino”, ou, como dizia uma empregada doméstica, “rico é aquela pessoa que soube poupar”.

Vocês podem notar que as representações podem estar baseadas em fatos científicos, não observáveis diretamente, como em crenças, em sugestões publicitárias, todas dependentes dos grupos sociais com os quais a pessoa convive.

Como já vimos, a linguagem existe como produto social, e é através das relações com os outros que elaboramos nossas representações do que é o mundo. Quando uma criança, que está começando a usar a linguagem, brinca com uma bola, esta só se constituirá em uma representação quando outras pessoas se referirem a ela como “bola”, “bola você joga, que chuta, que quebra a janela, que rola, que pula”. Notem que a representação implica na ação, na experiência com um objeto ou situação e nos significados atribuídos a ela pelas pessoas com que nos relacionamos, ou seja, a representação é o sentido pessoal que atribuímos aos significados elaborados socialmente.

Mas nem todas as nossas representações se formam tão simplesmente. Pensem, por exemplo, em termos como Deus, eternidade, morte, infinito e mesmo sociedade, história, classe social, etc. São representações onde a experiência, a vivência são impossíveis, ou são apenas fragmentos, fazendo com que a mediação social de pessoas, consideradas autoridades, desempenhem uma função essencial na formação da representação e é aqui, como vimos em relação aos significados da palavra, que surge o poder impondo representações consideradas necessárias para a reprodução das relações sociais.

É nesse momento que se dá a transmissão ou imposição da ideologia dominante. Na análise da linguagem, mencionamos o fato observado na nossa sociedade, da distinção entre aquele que "fala" e aquele que "faz", entre o intelectual e o braçal. O primeiro, próximo da classe dominante, e identificado com ela, é quem se apresenta aos outros como autoridade para explicar, justificar, como "conhecedor do mundo", que se caracteriza, basicamente, por falar bem, falar corretamente, característica esta que se generaliza, tornando "autoridades respeitáveis" aqueles que dominam a linguagem bem articulada, correta, etc. São estas pessoas, que na sua identificação com a classe dominante elaboram explicações sobre a realidade social que sejam coerentes, consistentes entre si, e que justificam a sociedade tal como ela é; e, na medida em que estas explicações encobrem as relações de poder e as contradições decorrentes, valorizando as relações existentes, elas exercem uma função ideológica falseadora, elas idealizam uma realidade, diferente do que ela realmente é.

Obviamente esta produção da ideologia não se dá conscientemente, mas sim em decorrência de uma visão da sociedade da posição de quem a domina e que precisa justificar e valorizar sua dominação.

Podemos compreender agora por que é tão difícil chegarmos a ter consciência de nós mesmos, como vimos no capítulo anterior, e, mais ainda, como é difícil chegarmos a ter uma consciência de classe. Quando o nosso pensamento não confronta as nossas ações e experiências com o nosso falar, quando apenas reproduzimos as representações sociais que nos foram transmitidas, e toda e qualquer inconsistência ou incoerência é atribuída a "exceções", a "aspectos circunstanciais", quando não a particularidades individuais, estaremos apenas reproduzindo as relações sociais necessárias para a manutenção das relações de produção da vida material em nossa sociedade.

Porém, apenas quando confrontamos as nossas representações sociais com as nossas experiências e ações, e com as de outros do nosso grupo social, é que seremos capazes de perceber o que é ideológico em nossas representações e ações conseqüentes. Ou seja, pensar a realidade e os significados atribuídos a ela, questionando-os de forma a desenvolver ações diferenciadas, isto é, novas formas de agir, que por sua vez serão objeto de nosso pensar, é que nos permitirá desenvolver a consciência de nós mesmos, de nosso grupo social e de nossa classe como produtos históricos de nossa sociedade, e também cabendo a nós agentes de nossa história pessoal e social — decidir se mantemos ou transformamos a nossa sociedade.

Concluindo, é importante ressaltar a diferença fundamental que existe entre *fazer* e *falar.* Só o primeiro produz objetos e a nossa própria vida; o falar é instrumento que pode não produzir nada, dando a impressão de que algo está sendo produzido.

Tomemos, como exemplo, este livro que você está lendo; mesmo sendo um objeto, um produto, as palavras aqui contidas só terão um significado social se elas forem capazes de alterar comportamentos cotidianos de algumas pessoas. Se, através da compreensão de alguns processos, a qual só se dará se vocês se voltarem para a sua própria realidade e confrontarem (pensarem) aquilo que está escrito com o que vocês observam em volta; se, em conseqüência, vocês passarem a agir, a se relacionar com os outros de formas novas, diferentes, poderemos dizer que o *falar* se tornou *fazer.*

A HISTÓRIA
VIA FAMÍLIA E ESCOLA

Agora estamos aptos para analisar a inserção do indivíduo na sociedade, através da sua vinculação a grupos institucionalizados e que determinam, necessariamente, a vida social das pessoas em nossa sociedade, caracterizando o conjunto de relações sociais que as definem. Inicialmente analisaremos a família e em seguida a escola, ambas fundamentais no processo de socialização e determinantes das especificidades próprias das classes sociais, apesar destas instituições proporem normas comuns para todos os membros da sociedade.

A família

É o grupo necessário para garantir a sobrevivên-

A família e o controle social.

cia do indivíduo e por isto mesmo tende a ser vista como "natural" e "universal" na sua função de reprodução dos homens. Porém, a ela cabe também tanto a reprodução da força de trabalho como a perpetuação da propriedade, tornando-a assim fundamental para a sociedade e, conseqüentemente, objeto de um controle social bastante rigoroso por aqueles que detêm o poder.

A instituição familiar é, em qualquer sociedade moderna, regida por leis, normas e costumes que definem direitos e deveres dos seus membros e, portanto, os papéis de marido e mulher, de pai, mãe e filhos deverão reproduzir as relações de poder da sociedade em que vivem.

Podemos observar na sociedade brasileira que, na família nuclear, cabe ao marido e pai o máximo de autoridade; nos casos em que ainda se mantém a família extensa (onde há convivência com tios, avós, etc.), em geral, o máximo de autoridade se concentra nos avós. Da mulher sempre se espera submissão, cabendo a ela apenas um poder relativo sobre os filhos em suas relações cotidianas, ficando a responsabilidade das decisões fundamentais sobre a vida dos filhos, em geral, para o pai.

Também na relação entre os filhos podemos observar toda uma hierarquia de poder: o mais velho pode mais que o segundo; o filho homem, mais que a filha mulher.

Esta estrutura familiar decorre da necessidade histórica da preservação de propriedades e bens pela família extensa, levando á instituição da monogamia e á valorização da mulher, como condições essenciais para garantir a legitimidade dos filhos, a ponto de, em algumas sociedades, ser considerado herdeiro apenas o filho mais velho — o único que o marido pode ter certeza da sua paternidade, pela constatação da virgindade da mulher.

Este aspecto foi tão marcante no desenvolvimento do capitalismo brasileiro que até hoje encontramos algumas famílias tradicionais — os chamados "quatrocentões" — nas quais, durante várias gerações, só eram admitidos casamentos entre membros da própria família (entre primos de vários graus e mesmo entre tios e sobrinhos), e assim garantiam a manutenção e controle dos bens por um mesmo grupo familiar.

Com o fluxo imigratório e o desenvolvimento industrial, os donos de propriedades produtivas (dos meios de produção), que eram essencialmente agrícolas, se vêem obrigados a acordos e concessões diante do crescente capital industrial, a fim de manter a sua hegemonia de poder, passando então a consolidar estes acordos através de casamentos fora do círculo familiar. Porém, o poder ainda tem que ser mantido, e é através da estrutura familiar que irá inculcar na criança a figura de "autoridade", de "chefe" — não dizemos o "chefe da família"? —

como necessária para a manutenção e reprodução das relações sociais.

É dentro desta lógica que se atribuem também características peculiares ao homem e à mulher, consideradas necessárias para a reprodução da família e da sociedade. São atributos que vão desde os físicos até os de interesses, e que podemos constatar através de expressões que freqüentemente escutamos em volta de nós, tais como:

"Menino não chora."

"Ela é tão sensível."

"Homem tem que ser forte."

"Menino não brinca com boneca." Mas, para a menina, se comenta: "Veja só, o instinto maternal..."

"Menino, vá brincar lá fora, o que você está fazendo aqui dentro?" *Mas,* "menina não brinca *na* rua".

"Menina, você não tem parada, parece um moleque."

O rapaz sai e volta de madrugada: "Se divertiu, meu filho?",

A mocinha sai e volta de madrugada: "O que os vizinhos vão dizer de você, voltando a esta hora?".

E, em relação à autoridade:

"Respeite o seu pai, menino."

"Não discuta com os mais velhos!"

"Quando você crescer, você vai entender..."

"Seus pais só querem o seu bem." (Em geral para justificar uma ordem incompreensível.)

Vocês já pensaram por que a Mônica (do Maurício de Souza) é tão engraçada, enquanto a Magali é tão "sem graça"? O cômico é sempre o inusitado, o inesperado, e, no caso, a Mônica sendo dominadora, briguenta, está fora dos padrões, é "caso único". Ela é um bom exemplo do "errado" que enfatiza o "certo"; se não, experimentem chamar uma garotinha de oito anos de idade de Mônica e vejam a sua reação...

Voltando ao nosso indivíduo, que afinal é o enfoque da psicologia social, vamos analisar como o grupo familiar atua sobre ele durante o processo denominado, geralmente, de socialização primária.

Uma criança recém-nascida depende, para a sua sobrevivência, de outras pessoas e é através desta relação que ela vai apreendendo o mundo que a cerca; a relação de dependência que existe entre ela e aqueles que a cuidam faz com que estes sejam extremamente importantes para a criança durante o seu processo de desenvolvimento, pois, no momento em que consegue se perceber distinta do seu meio e dos outros, estas pessoas se tornam os "outros significativos", ou seja, outros com os quais ela se identifica emocionalmente e através dos quais vai criando uma representação do mundo em que vive, e que para ela é o *mundo,* sem alternativas possíveis. Pela identificação emocional com os outros significativos, o mundo deles é o da criança, existindo, portanto, apenas um mundo possível.

O processo aqui é semelhante ao da análise que fizemos da linguagem como arma de poder, acrescentando-se, nesta situação, um forte componente emocional-afetivo, além de um processo de generalização que ocorre em função da coerência existente entre as visões de mundo e de valores das pessoas que constituem o grupo familiar.

Vejamos um exemplo. Desde cedo a mãe ensina a criança a não mexer nos enfeites da sala; o "não mexa aí!" da mãe é repetido, em outras ocasiões, pelo pai, pelas tias, pela avó e, assim, a criança vai generalizando que "todo mundo não a deixa mexer naqueles objetos", que "criança não pode mexer neles", até concluir que "não se deve mexer nos objetos que enfeitam uma sala".

É assim que se formam aqueles valores que sentimos tão arraigados em nós, que até parece termos nascido com eles. Esta visão única do mundo e de um sistema de valores só irá ser confrontada no processo de socialização secundária, isto é, através da escolarização e profissionalização, principalmente na adolescência, época em que o jovem questiona os "outros significativos", não por ser uma fase natural, como muitos pretendem, mas porque através de outros laços afetivos e através do seu pensamento e experiências sociais e/ou intelectuais o jovem se depara com outras alternativas, com outras visões de mundo, que o levam a questionar aquela que ele construiu como sendo a única possível.

Retornando à análise que fizemos do processo grupal e da consciência de si, poderemos entender por que a família tende a ser sempre tão preservadora, ou, melhor dizendo, tão conservadora; pois as relações de poder que caracterizam os papéis familiares são sempre apresentadas como condições naturais e necessárias para a sobrevivência dos filhos, como condições biológicas, não se distinguindo o que é determinado histórica e socialmente do que é fisicamente necessário para a preservação da espécie. É este aspecto que, via de regra, impede, nos momentos críticos do grupo familiar, o tomar consciência dos papéis e das relações de poder historicamente determinadas, pois estas são vistas como naturais, "o poder é um dever, é uma questão de sobrevivência".

Tanto é assim que as "crises" de um casal são justificadas por diferenças de temperamento e por "incompatibilidade de gênios", quando não por "crueldade mental" de um dos parceiros, sem se questionar como eles vêm desempenhando seus papéis, de como se dá a relação de poder entre eles e o quanto estão vivendo e reproduzindo, no âmbito das relações afetivas, as determinações institucionais.

A mesma análise pode ser feita para as "crises" entre pais e filhos: "a rebeldia do jovem e a quadratura dos velhos", são expressões que retratam bem a existência de uma luta pelo poder, que, apesar das analogias feitas com diferentes espécies de animais (ideologia da sobrevivência do melhor), mantém uma diferença fundamental — os animais lutam instintivamente para garantir a sobrevivência da espécie, os homens, para a manutenção do poder de alguns, na sociedade em que vivem, o que é interpretado por algumas teorias sociológicas como "preservação da sociedade"; eles assim agem não instintivamente, mas inconscientemente[3].

A escola

Da mesma forma que a família, a educação também é institucionalizada, ou seja, princípios, objetivos, conteúdos, direitos e deveres são definidos pelo governo a fim de garantir que, em todos os seus níveis, ela reproduza conhecimentos e valores, necessários para a "transmissão harmoniosa da cultura, produzida por gerações anteriores, para as novas, garantindo o desenvolvimento de novos conhecimentos, necessários para o progresso do país". Estamos reproduzindo livremente textos oficiais que definem o nosso sistema educacional, para entendermos como a escola, diferentemente da família, atua no processo de reprodução das relações so-

(3) No sentido de não ocorrer o pensar confrontando o significado atribuído socialmente e a própria realidade vivida. ou seja. o significado é assumido e reproduzido nas ações.

ciais; pois agora não é tanto a autoridade que tem de ser valorizada, pois esta já foi garantida através da família, mas sim o individualismo e a competição, mesmo quando se fala em educação obrigatória para todos até a oitava série.

Começando pela estrutura de disciplinas programadas para cada série, notamos uma fragmentação de conhecimentos que vai se tornando crescente ao longo das séries. De início existem atividades que se intercalam, para, gradativamente, assumirem a denominação de "matérias", até as disciplinas dos cursos profissionalizantes e suas respectivas especializações. E tudo isto distribuído ao longo dos anos escolares, sendo que no fim de cada série ocorre um veredicto: o aluno foi ou não aprovado. Ainda dentro desta estrutura podemos observar que as disciplinas mais abstratas, mais intelectualizantes, são mais valorizadas e mais decisivas para a aprovação do aluno, já se caracterizando uma oposição entre trabalho intelectual e trabalho manual.

É esta estrutura que irá determinar como se darão as relações sociais na escola, entre professores e alunos e entre estes e seus colegas. O poder de aprovar ou reprovar já coloca o professor numa posição de dominação inquestionável — ele é a autoridade absoluta, pelo menos na sala de aula e, investido deste papel, ele extrapola a sua autoridade de "conhecedor do assunto" para todo e qualquer aspecto que entre em jogo na sua relação com os alunos, desde o que é explicitamente ensinado até os insinuados valores estéticos, morais, religiosos, reproduzindo assim a ideologia dominante como descrição "correta" do mundo.

Este padrão dominante tem como conseqüência direta o caráter seletivo da escola, pois desde o uso da linguagem até os exemplos do próprio cotidiano do professor serão melhor apreendidos por aqueles alunos que vivem em condições semelhantes, ou seja, têm uma mesma concepção de mundo, isto sem considerar os programas, propriamente ditos, que enfatizam padrões valorizados pela instituição educacional. É desta forma que aquelas crianças cujo ambiente familiar pouca coisa tem em comum com aquele que é trabalhado na escola, se sentem estranhas e marginalizadas pois, sempre que alguns forem capazes de atender às expectativas do professor, isto é o bastante para que se estabeleça um padrão de "bom" e "mau" aluno, que vai sendo reforçado ao longo das séries e assim selecionando, não os mais aptos, mas os que se aproximam mais da visão de mundo inerente aos padrões dominantes.

Mas, vocês poderão questionar: como se explicam os casos de filhos de lavadeiras, de pais analfabetos, que conseguem "estudar e subir na vida", cursando até a Universidade? Sem dúvida as exceções existem e até são necessárias para se justificar a tese de que tudo reside apenas no esforço. individual, sem considerar as características circunstanciais que tornaram essa "exceção" tão bem sucedida. E é também esta tese de esforço individual que estimula a competição: quem pode mais, consegue o melhor.

Diante das exceções realçadas, nos esquecemos dos inúmeros e freqüentes casos de crianças que abandonam a escola e, simplesmente, são justificadas pelos pais em termos de "ele não tem jeito para o estudo", consagrando a separação ideológica entre trabalho manual e trabalho intelectual.

Se observarmos a relação que se estabelece entre colegas, vamos notar que o mesmo ocorre entre eles. Há uma pesquisa realizada[4] numa escola de 1º grau (5º série), onde professores haviam instituído como técnica de ensino trabalhos em grupo para que "os mais fortes" pudessem ajudar os "mais fracos". O que se observou foi que os "mais fortes" reproduziam todos os valores e comportamentos autoritários do professor, a ponto de afastarem "os mais fracos", atribuindo tarefas que não pudessem comprometer a qualidade do trabalho do grupo, como "passar a limpo" ou transcrever trechos de livros — caso típico do "feitiço virar contra o feiticeiro".

Também fora da situação de sala de aula, se observa a tendência dos "melhores" alunos irem se

(4) Por Lea C. Cruz, tese de Mestrado.

agrupando de um lado e os "piores" de outro, consagrando assim uma diferenciação tida como natural, quando, de fato, ela tem sua origem na própria organização institucional da escola.

Tem-se, então, a impressão de um "beco sem saída". Se até o sistema educacional reproduz as relações de dominação social, parece ser impossível qualquer transformação da sociedade. Por outro lado, não podemos nos esquecer que as relações de dominação implicam em contradições geradas pela contradição fundamental do sistema capitalista (a luta de classes), e portanto elas estão presentes também no processo educacional e podem ser detectadas na medida em que o ensino se dê através de situações em que os conteúdos teóricos impliquem numa prática e numa reflexão sobre ambos, ou seja, os significados e/ou representações (conceitos, teorias) são confrontados pela interação dos sujeitos reais — aprendizes — com o mundo real que os cerca, permitindo assim a elaboração de novos significados e novas práticas.

Em outras palavras, é a escola crítica, a escola onde nenhuma verdade seja absoluta, onde as relações sociais possam ser questionadas e reformuladas, o que propiciará a formação de indivíduos conscientes de suas determinações sociais e de sua inserção histórica na sociedade; conseqüentemente, as suas práticas sociais poderão ser reformuladas.

Um bom exemplo desta escola foi parcialmente vivido em 1968/9. Quando em vários países do mundo o ensino universitário era questionado, no Brasil o governo preparava um anteprojeto de reforma universitária, sem qualquer consulta às bases, o que desencadeou uma série de movimentos entre estudantes e professores contra este anteprojeto. Em várias universidades foram criadas comissões paritárias para efetuarem uma análise crítica, não apenas do projeto mas das próprias condições pedagógicas existentes: desde conteúdo, métodos de ensino, sistema de avaliação e aprovação, até as relações aluno-professor em sala de aula.

Deste questionamento surgiram várias propostas, sendo algumas realizadas, em caráter experimental, procurando-se transformar a situação de sala de aula numa nova relação onde professor e aluno trabalhavam lado a lado, sem imposições de poder, visando a criação de conhecimentos, através de teoria e prática intimamente ligadas (não havia mais aulas expositivas); o sistema de avaliação proposto era conjunto e contínuo, ou seja, a avaliação conjunta se referia tanto ao aluno, ao professor, às atividades realizadas, como ao próprio programa desenvolvido, enquanto que a avaliação contínua se referia às tarefas, passos ou práticas desenvolvidas, permitindo ao aluno enfrentar atividades cada vez mais complexas, de tal forma que o próprio aluno podia se auto-avaliar, tirando do professor o poder absoluto da nota — quem avaliava o aluno era o próprio produto realizado por ele.

Esta experiência durou um semestre. No ano seguinte o poder institucional exigiu um retorno às normas vigentes, sob pena do não reconhecimento de diplomas e, portanto, o impedimento de um futuro exercício profissional — foi o suficiente para que todos se submetessem a elas.

Porém, pudemos observar que aquelas pessoas envolvidas no processo, as quais, efetivamente, aceitaram o desafio e procuraram novas formas de trabalho educacional, não regrediram jamais às formas tradicionais. No que dependia do professor — elemento constante — sempre se procurou concretizar a nova relação aluno-professor, sem dominação, sem imposição de conhecimentos, mas desenvolvendo atividades conjuntas, avaliadas por todos, diante de um produto decorrente destas atividades.

Não tem sido um processo linear, mas sim um processo de acertos, erros, reavaliações, e, apesar das determinações institucionais, cujo peso é sentido cotidianamente, para estas pessoas a mudança foi radical.

Também foi interessante observar que, durante o movimento, aqueles professores e alunos que permaneceram apenas reivindicando "novas condições de ensino", sem desenvolverem uma prática conseqüente, voltaram, simplesmente, no ano seguinte, para as formas tradicionais de trabalho em sala de aula...

O que demonstra que "falar não é fazer", e que as transformações sociais só ocorrem historicamente: 1968 foi um momento em que emergiram contradições, mas não a fundamental, decorrente das relações de produção; porém, a conscientização de alguns permitiu tocar a história para frente, à procura de novas práticas conscientizadoras de muitos — função possível de ser exercida pela escola.

É de Leontiev a afirmação de que a "relação entre o progresso histórico e o progresso da educação é tão estreita que se pode, sem risco de erro, julgar o nível geral do desenvolvimento histórico de uma sociedade pelo nível de desenvolvimento do seu sistema educativo e vice-versa".

Caberia ainda uma análise de outros grupos de convivência que são menos institucionalizados, como os de lazer, mas que também reproduzem as relações sociais na atribuição e cristalização de papéis. Basta um exame de quanto qualquer grupo julga ser essencial a existência de alguém que lidere os companheiros e o quanto "ter características de liderança" é valorizado por todos, e, se aprofundarmos a questão, veremos que o que está em jogo é a emergência de uma autoridade que mantenha os vínculos de dominação, mesmo em grupos onde, aparentemente, todos se propõem como iguais; porém, fazendo concessões às diferenças individuais, chegam a afirmar que uns são, necessariamente, melhores que outros e não apenas diferentes, e assim consagram a relação de dominação.

As diferenças individuais podem responder pela divisão de trabalho, por diferentes atribuições aos membros do grupo, mas não pela ascendência de uns sobre outros.

Devemos considerar também o reverso da moeda. Falamos em dominação, autoridade, liderança como se, conscientemente, uns quisessem dominar outros; porém, o que de fato ocorre é que os dominados têm como necessário ter alguém que tome as decisões, que pense por eles, em outras palavras, é mais fácil para eles acompanhar os que pensam, os que tomam a iniciativa, do que assumir a responsabilidade das decisões e da própria participação.

É na "naturalidade" das relações que podemos constatar a força da ideologia, que se concretiza nos comportamentos e ações dos indivíduos, e, como já mencionamos anteriormente, a dominação só se exerce se houver dominados que a entendam como necessária — o líder é sempre produto dos liderados.

TRABALHO E CLASSE SOCIAL

E necessário retomarmos aqui a origem histórica da sociedade humana, sem a qual não podemos entender como o trabalho que modifica a natureza, ao produzir a subexistência do Homem, também produz o homem. Quando tratamos da linguagem, mencionamos a sua origem relacionada à necessidade de cooperação entre os homens para produzirem seus meios de sobrevivência, isto é, o trabalho. Sem dúvida, este princípio ainda é válido para os dias de hoje, somente que, dada a complexidade crescente e as formas como cada sociedade, em cada época, enfrentou suas contradições, foram criadas novas relações de produção da vida material, ou seja, formas de sobrevivência que geram relações sociais necessárias para manter estas relações de produção.

Portanto, a análise do que significa o trabalho

para o indivíduo deverá se basear nas condições atuais da nossa sociedade capitalista[5], o que significa que a produção dos bens materiais, além de atender a subexistência social, visa o lucro e o aumento do capital e para tanto deve, necessariamente, explorar a força de trabalho, de muitos. E no processo de acumulação de bens que o capital se apodera dos meios de produção, fazendo com que a mercadoria não seja apenas o produto fabricado, mas também a força de trabalho, e as próprias relações sociais decorrentes, no processo — em outras palavras, os homens se tornam mercadorias.

Desta forma o capitalismo implica na existência de duas classes sociais, uma que detém o capital e os meios de produção e outra que vende sua força de trabalho, ou seja, é explorada e dominada pelos poucos proprietários de indústrias, fazendas, bancos, etc., que necessitam do lucro gerado pelo trabalho de muitos para a manutenção do seu poder, através da acumulação crescente de bens.

É esta contradição fundamental da sociedade capitalista que a ideologia dominante procura encobrir, não de forma consciente ou premeditada, mas decorrente da própria divisão de trabalho em intelectual e manual, cabendo à classe dominante o pensar a própria sociedade, e assim, decorrente da sua posição social, criar explicações a partir de

(5) Veja Indicações para Leitura.

uma visão fragmentada da sociedade. Nenhum patrão concordaria em afirmar que ele explora o trabalhador, ao contrário, ele provavelmente dirá que os homens são naturalmente diferentes, apesar das condições serem iguais para todos, e que uns são mais aptos e capazes que outros para certas funções, e que em qualquer sociedade é necessário existir os que decidem e os que executam, etc., etc.

Resumindo, podemos ver como através do trabalho produtivo da sociedade se constituem classes sociais antagônicas, que, por sua vez, determinam as relações sociais entre os indivíduos. Conforme o lugar onde o indivíduo se inserir, dele será esperado o desempenho de determinadas atividades que garantam a manutenção das relações de produção e, conseqüentemente, as classes sociais como tais.

É dentro deste contexto que iremos analisar, no nível psicossocial, o significado de trabalho, como *atividades* realizadas por indivíduos; atividades estas produzidas pela sociedade à qual eles pertencem.

No nível individual a atividade decorre de uma necessidade sentida e objetivada em *coisas*. Sente-se fome, sente-se a necessidade de comer algo. Se o nosso sujeito estiver no mato, este algo será, provavelmente, uma fruta e sua atividade se caracterizará por uma seqüência de ações ou comportamentos de procura, de se dirigir para um local onde haja árvores frutíferas. Se o nosso indivíduo estiver em sua casa, suas ações o levarão até a geladeira, onde há uma fruta ou outro petisco imaginado. Se ele estiver no centro da cidade, irá até uma lanchonete onde comprará um sanduíche.

Este exemplo simples mostra como uma atividade é desencadeada por uma necessidade, o que se constitui numa seqüência de comportamentos, que, dependendo das condições objetivas, visam um fim específico. O que significa que qualquer atividade é objetivada, seja quando ela é desencadeada pelo pensamento de "quero, ou preciso de um objeto real", seja quando ela se traduz numa seqüência de ações visando um fim, isto é, a obtenção do objeto real.

Voltemos ao nosso indivíduo inserido numa classe social de uma sociedade capitalista, onde a produção, depois de atender às necessidades de sobrevivência, cria novas necessidades de consumo e, conseqüentemente, objetos que satisfaçam estas necessidades; a sua atividade dependerá essencialmente das condições objetivas de vida, e agindo sobre elas as transforma, produzindo coisas que inicialmente foram pensadas ou imaginadas e que, quando concretizadas, trazem em si a atividade objetivada, ou seja, o objeto está impregnado da atividade do homem, assim como na ação de fazer o objeto o homem se modifica.

Da mesma forma que se diz, genericamente, que o homem ao transformar a natureza se transforma, podemos constatar que o indivíduo, ao produzir um objeto, transforma uma matéria que se torna coisa através da sua atividade, e pela própria atividade desenvolvida ele, indivíduo, se transforma.

Esta análise da atividade nos permite apontar para a importância vital do trabalho humano, pois é através dele que nos objetivamos socialmente, e é também através dele que nos modificamos continuamente, ou seja, nos produzimos, nos realizamos.

A principal característica do trabalho nas sociedades atuais é que ele se realiza utilizando instrumentos, o que torna a atividade necessariamente social, pois o uso de instrumentos, como já vimos, pressupõe cooperação e comunicação entre os homens; assim, se o instrumento nos liga ao mundo das coisas, ele também nos liga a outros indivíduos, produzindo a linguagem e o pensamento, o qual, por sua vez, produzirá atividades e ações que se concretizam nas relações sociais.

Vejamos uma situação corriqueira, em que alguém sente frio e pensa em um agasalho. Para tanto ele precisará de lã, agulhas e saber tricotar — observem o social na produção dos objetos e na técnica do tricô; a sua atividade irá se desenvolver numa seqüência de comportamentos que resultará num agasalho real, que de início só existia em seu pensamento. Porém, ele só poderia ter sido pensado se, nas condições de vida de nosso sujeito, este já houvesse se deparado com lãs, agulhas e pessoas tricotando. Pronto o agasalho, nosso amigo o veste e, ao mesmo tempo em que se sente protegido do frio, também se apresenta aos outros de uma forma diferente; podemos imaginar o diálogo:

— Blusa nova? É bonita.

— Você gosta? Fui eu quem fiz.

— Não diga! Você me dá a receita?

E o nosso personagem se relaciona com outros, sendo alguém que fez o seu agasalho...

Podemos constatar que a separação entre trabalho manual e trabalho intelectual se dá apenas no nível ideológico, pois qualquer atividade implica no *pensar* sobre aspectos da realidade e em *ações concretas* na realidade objetiva, a qual, por sua vez, será pensada, agora, sob uma nova perspectiva, resultante de transformações ocorridas tanto no indivíduo como na própria realidade.

O provérbio de que "ninguém se banha duas vezes num mesmo rio" é válido tanto para as águas do rio quanto para aquele que se banha: nem o rio, nem o homem são os mesmos num segundo banho...

Se examinarmos as condições de trabalho existentes na nossa sociedade e as atividades exigidas para a sua realização, poderemos entender melhor como se processa, ao nível individual, a alienação ou a consciência social.

Tomemos como ponto de partida um operário, numa fábrica, na linha de montagem. Ele tem diante de si uma máquina, que determina uma seqüência de ações que devem ser realizadas por diferentes indivíduos: um coloca uma peça, outro aperta o parafuso, um terceiro ajusta outra peça, e assim por diante. Nesta atividade produtiva temos um conjunto de ações distribuídas por várias pessoas: a que pensou, que planejou o produto, não é quem o fabrica; as ações de cada um são determinadas pela máquina, desvinculando a ação do seu fim, objetivado no produto.

O que ocorre então com este operário? Ele pensa sobre o produto que está fabricando, ele pensa a respeito da máquina que o controla, mas nas relações de trabalho este seu pensar é irrelevante — "há gente paga para pensar"; na atividade que resultará em produto, ele participa, através de uma e sempre mesma ação, de uma cadeia complexa de ações. A cooperação entre muitos é mediada pela máquina e não mais pela comunicação, e o produto final tem tão ínfima parcela de sua atividade que ele não se reconhece no objeto fabricado.

É neste processo que o trabalhador se despersonaliza, se torna parte da máquina; suas ações são apenas força de trabalho que ele vende, são mercadorias e como tal alienáveis-alienadas, na medida em que ele deixa de pensar suas próprias ações em termos de cooperação existente entre ele e seus colegas, pois esta é oculta pela máquina, instrumento que participa na realização de uma atividade que gera um produto.

Quanto ao operário, sua atividade cotidiana se resume em ir para o trabalho, despender suas energias físicas, voltar para casa, tendo como fim de uma longa série de ações o salário mensal ou quinzenal, presente num dinheiro impessoal, mas que garante a sua sobrevivência.

Esta atividade produtiva implica também formas de relacionamento social, pois, estando a cooperação necessária para a produção encoberta pela presença da máquina, o indivíduo se sente só no seu trabalho, que representa o salário e que ele conseguiu concorrendo a uma vaga, com outros candidatos; o seu colega de trabalho é, antes de tudo, portanto, um rival, e um rival que se multiplica por todos aqueles que, potencialmente, o podem substituir — ele está sozinho na luta pela vida.

Esta situação é reforçada pela ideologia dominante que, se de um lado afirma a igualdade dos homens, de outro diz que é o esforço, a dedicação e a tenacidade que fazem de uns mais bem sucedidos que outros; e o nosso trabalhador continua na sua luta isolada à procura de uma vida melhor, certo de que, competindo, demonstrará que é um indivíduo melhor que outros, sem perceber que o mesmo ocorre com seus companheiros.

Em maior ou menor escala, a nossa sociedade, capitalista, industrializada e complexa, promove esta dissociação do homem do produto de sua atividade, gerando a moral de que o objeto, o instrumento, não é bom nem mau: tudo depende do que as pessoas farão com ele, como se estes não trouxessem em si a atividade e o subjetivo de homens concretizados no produto. Hoje o homem continua transformando o mundo que o cerca, mas não cabe a ele decidir sobre esta transformação... É a contradição fundamental gerada pelo capitalismo, que, no nível individual, se manifesta através da alienação.

A mesma fragmentação que observamos no trabalho do operário, também pode ser observada no trabalho dito especializado, seja no nível técnico, seja no nível intelectual. Quando acima afirmamos que "não cabe a ele decidir..." é porque haverá "especialistas" que irão analisar, cada um, certos aspectos da transformação, para dizer se ela é boa ou má. Como exemplo, poderíamos citar os especialistas sobre a poluição do meio ambiente, que a detectam como um fenômeno natural, e procuram corretivos, como se esta não fosse produzida socialmente.

O mesmo fato podemos constatar em relação ao trabalho intelectual especializado. Se ao operário é negado o pensar a sua atividade, ao intelectual é negado o fazer. A ele cabe apenas produzir idéias, desenvolver estudos, para alguns poucos, em geral detentores do poder na sociedade, e que entendem a linguagem abstrata, esotérica do intelectual, e que farão o uso desta produção de acordo com perspectivas da classe social a que pertencem. E, observe-se que quanto mais especializado for o estudo, mais ele se atém a uma linguagem hermética, que poucos entendem.

Se retornarmos à análise da atividade humana, que pensada subjetivamente se objetiva em um produto, transformando o próprio homem e, na medida em que esta atividade, numa sociedade complexa, só pode ocorrer pela comunicação e cooperação entre muitos, implicando necessariamente a transformação dos homens, e, em decorrência, das suas relações sociais, fica clara a lógica da fragmentação necessária para a manutenção das relações de produção, ou seja, os detentores do capital explorando a força do trabalho de muitos e, assim, mantendo a hegemonia do poder.

Enquanto o homem não recuperar para si a sua *atividade* que é, psicológica, social e historicamente, *pensamento* e *acão,* e que só ocorre através da sua relação com os outros homens, concretizando o pensamento na comunicação e a atividade em ações cooperativas, ele estará alienado de sua própria realidade objetiva, com uma falsa consciência social e, conseqüentemente, com uma falsa consciência de si.

No capítulo anterior mostramos como a instituição cristaliza relações de poder, reproduzindo as relações sociais e as relações de produção. No caso do trabalho, a mesma linha de análise poderia diluir o seu aspecto fundamental na produção da própria existência humana. Partimos da *atividade* como característica essencial da vida humana, que, capaz de se pensar, é também capaz de ações transformadoras da sociedade em que vive, as quais só ocorrerão através da recuperação do próprio trabalho, na participação da produção material da sobrevivência social.

Porém, se partíssemos da institucionalização do trabalho, e da definição de papéis, veríamos a atividade produtiva como uma entre outras possíveis, escondendo o seu caráter fundamental, tanto para a realização de cada ser humano, como para a existência da sociedade. O trabalho social, assim como a atividade do indivíduo, é a própria vida humana que se constrói continuamente. A qualidade desta construção dependerá sempre da comunicação e cooperação entre os homens, e somente através destes é possível recuperar a história e detectar a contradição fundamental na relação de dominação de uma classe social por outra classe.

A seqüência da nossa análise permite constatar um fato crucial: a consciência de si, a consciência social e a consciência de classe são apenas produtos de único processo, decorrente da atividade humana, que é pensamento e ação, teoria e prática, que se concretizam através da cooperação entre os homens na produção de suas próprias vidas.

O INDIVÍDUO NA COMUNIDADE

Se o capítulo anterior sobre o trabalho apresentou um quadro onde as saídas parecem ser poucas e difíceis, neste analisaremos as propostas da Psicologia Comunitária, que vêm sendo sistematizadas, dentro da Psicologia Social, como atividades de intervenção que visam a educação e o desenvolvimento da consciência social de grupos de convivência os mais diversos. É necessário lembrar que, apesar de central para a vida de um indivíduo, o trabalho remunerado não é a única atividade socialmente produtiva que ele desenvolve; há uma série de necessidades que não são satisfeitas exclusivamente através do salário, e que podem ser motivos para o agrupamento de pessoas visando a sua satisfação.

É em torno destas atividades que a Psicologia Comunitária propõe uma sistemática de intervenção, principalmente em sociedades capitalistas, onde a mediação da ideologia dominante se faz sentir nas relações sociais desempenhadas na família, na escola e no trabalho, impedindo ou dificultando a criação de novas formas de relacionamento.

Desenvolver relações sociais que se efetivem através da comunicação e cooperação entre pessoas, relações onde não haja dominação de uns sobre outros, por meio de procedimentos educativos e, basicamente, preventivos, se tornou o objetivo central de atividades comunitárias, as quais podem ocorrer em uma casa, com pessoas criando novas relações "familiares", em escolas, hospitais e mesmo entre um grupo de vizinhança ou de bairro, desde que estes se identifiquem por necessidades comuns a serem satisfeitas, através de atividades planejadas em conjunto e que impliquem em ações de vários indivíduos, encadeadas para atingir o objetivo proposto.

O caráter educativo decorre da reflexão que é feita sobre o porquê das necessidades, de como as atividades vêm sendo realizadas, ou seja, como as ações se encadeiam e que resultados são obtidos, tornando possível a todas as pessoas envolvidas recuperarem, através do pensamento e ação, da comunicação e cooperação entre elas, as suas histórias individuais e social, e conseqüentemente, desenvolverem a consciência de si mesmas e de suas relações historicamente determinadas.

Quando um grupo de pessoas se reúne para discutir seus problemas, muitas vezes sentidos como exclusivos de cada um dos indivíduos descobrem existirem aspectos comuns, decorrentes das próprias condições sociais de vida; o grupo poderá se organizar para uma ação conjunta visando a solução de seus problemas. E aquelas necessidades, que sozinhos eles não podiam satisfazer, passam a ser resolvidas pela cooperação entre eles.

O nosso cotidiano tem apresentado inúmeros exemplos deste processo: desde grupo de mães, organizando e mantendo creches para seus filhos, mutirões entre moradores de um bairro para construção de locais para fazer, ou mesmo de moradias, até organizações de grupos para reivindicar água, luz, esgoto, etc.

É preciso salientar que a atividade comunitária, por si só, não supera a contradição fundamental do capitalismo, pois esta decorre das relações de produção, que definem as classes sociais; porém é através da participação comunitária que os indivíduos desenvolvem consciência de classe social e do seu papel de produtores de riquezas, que não usufruem, e, em conseqüência, podem, gradativamente, irem se organizando em grupos maiores e mais estruturados visando uma ação transformadora da história de sua sociedade.

O desenvolvimento de uma comunidade se dá de forma lenta, com avanços e recuos, pois o sistema social mais amplo a todo momento exerce pressões, diretas ou indiretas, para a manutenção de soluções individualistas, promovendo a competição, valorizando *status* e prestígio de posse da propriedade. Basta assistirmos algumas novelas e propagandas na televisão para percebermos algumas pressões neste sentido.

Além destas influências sociais mais amplas, há todo um processo de aprendizagem das pessoas envolvidas numa experiência comunitária. O se defrontar com os outros, o se descobrir diferente, único e, ao mesmo tempo, assumir a igualdade de direitos e deveres, a responsabilidade de pensar, de decidir e de agir, é um processo que se desenvolve através de práticas e reflexões sucessivas. Não há receitas, nem técnicas pré-definidas, cada grupo desenvolve um processo próprio, em função das suas condições reais de vida e das características peculiares dos indivíduos envolvidos.

Transformar as relações sociais apreendidas na família, na escola, não é fácil, pois elas se apresentam como espontâneas no cotidiano, e, quando menos se percebe, relações de dominação entre as pessoas estão ocorrendo. Se não houver uma reflexão conjunta, um pensamento crítico e atividades que permitam o "treino" destas novas relações, o grupo comunitário se separará, cada um cuidando de seus problemas individuais, esperando que Deus cuide de todos.

Podemos ver que a presença e a força da ideologia dominante é uma constante que não se revela de um momento para o outro, mas que vai sendo superada lentamente, em função de cada atividade realizada que, repensada, leva a novas atividades. A força da ideologia se dá não apenas na representação de mundo, mas nas ações decorrentes destas representações.

E o que explica por que tantas experiências comunitárias falharam, principalmente aquelas onde as relações são mais íntimas, como as implícitas em morar juntos para a manutenção do cotidiano. Comer, limpar, arrumar a casa, cuidar de roupa, exigem uma divisão de trabalho e de despesas, de uma forma eqüitativa entre todos, mas também exigem manter vínculos com a sociedade onde este grupo de pessoas vivem, tornando extremamente difícil para elas desempenhar papéis esperados no seu trabalho, nas atividades com outros grupos de pessoas e, entre as quatro paredes da moradia, viverem novas formas de relações sociais, como se o mundo não existisse lá fora.

O trabalho remunerado e todas as suas implicações, como prestígio, ascensão, e, principalmente, o consumir — necessidades criadas pelo capitalismo — constantemente estão minando e influindo nas relações sociais que se propõem comunitárias. Aceitar diferenças individuais, mantendo relações de igualdade, ou melhor, de não dominação, em uma sociedade onde as diferenças são valorizadas em termos de competição, torna-se algo extremamente difícil.

A atividade comunitária numa sociedade de classes antagônicas pode ser comparada com uma situação em que estivéssemos com um pé em cada barco, descendo um rio — só chegaremos a um lugar seguro se cada movimento for pensado e revisto para se decidir sobre o próximo, e ainda assim haverá desvios, impasses, para, lentamente, avançarmos até o ponto desejado.

Se o conviver de algumas pessoas, igualitariamente, em uma casa, é tão difícil, pode-se imaginar as dificuldades existentes para que instituições se tornem comunidades, tais como escolas, hospitais e outras.

Porém, convido-os para uma visita a um hospital psiquiátrico.

Há alguns quilômetros de um centro urbano, chega-se a um grande portão, aberto para uma avenida, cercado por gramados, que leva a edifícios antigos, com grades nas janelas, mas com as portas abertas. E a ala dos homens: ao entrarmos em um deles vemos, no terraço, alguns pacientes em cadeiras de balanço, lado a lado. Eles nos olham, sorriem, falam coisas que não entendemos bem. Entramos nos dormitórios onde há várias camas, arrumadas, limpas, mas vazias. No prédio vizinho há uma exposição de pinturas, todas feitas por pacientes;

chamando a atenção os motivos freqüentes sobre astronautas, castelos de fadas, abstratos — todos muito elaborados.

Continuando por avenidas, chega-se a prédios de construção mais recente; são as oficinas onde se fabricam sapatos, bolsas, cintos e uma infinidade de objetos, todos produzidos pelos pacientes, cada um escolhendo uma atividade e executando-a no seu ritmo. Alguns nos mostravam, orgulhosos, o conjunto de seus trabalhos, respondendo a nossas perguntas, entremeando risos e silêncios.

Em um outro prédio havia cabeleireiros, manicures, pedicuras, atendendo e sendo atendidos por homens e mulheres — todos pacientes. Mais adiante, na ala das mulheres, chamaram a atenção os dormitórios enfeitados com gravuras nas paredes e bonecas nas camas, tudo sempre limpo e arrumado; as salas de estar confortáveis, com as portas-janelas abertas para terraços que dão para gramados verdes e bem cuidados.

No final da visita assistimos a um show musical, apresentado pelos pacientes, que tocavam — em conjuntos, cantavam em corais ou solos — músicas latino-americanas.

Durante todo o tempo da visita sentia-se um ambiente descontraído, de respeito mútuo e, se é possível ocorrer em um hospital psiquiátrico, uma atmosfera alegre. E tudo isto como decorrência de uma prática comunitária, onde médicos, enfermeiras, psicólogos, pacientes se relacionam em base de igualdade; os pacientes, estimulados a participarem em trabalhos pelos quais são remunerados, mantêm vínculos com a realidade, sentindo-se úteis e respeitados. Esta proposta estende-se além do hospital, envolvendo as famílias dos pacientes, preparando-os para as visitas ou para as altas.

Uma instituição deste tipo, porém, só é possível em uma sociedade que se propõe a ser toda ela estruturada em relações comunitárias e onde o cidadão respeitável é aquele que participa de grupos que decidem sobre o comum e que trabalha produtivamente para o bem de todos. Onde o anti-social é aquele cujas ações visam apenas benefícios próprios, considerando-se melhor que os outros. Esta sociedade é Cuba que, em apenas vinte anos de História, conseguiu garantir para todos os seus membros saúde e educação.

A PSICOLOGIA SOCIAL NO BRASIL

Augusto Comte, considerado por muitos o fundador da Psicologia Social, escreveu longas obras sobre a natureza das ciências (1830-1834), nas quais o psíquico seria o objeto de estudo da Biologia, da Sociologia e da Moral, todas ciências abstratas, que forneceriam os subsídios para as ciências concretas, e entre elas estaria a Psicologia Social, como subproduto da Sociologia e da Moral; para ele, seria a ciência que poderia responder a uma questão fundamental: "Como pode o indivíduo ser, ao mesmo tempo, causa e conseqüência da sociedade?".

A Psicologia Social só iria se desenvolver como estudo científico, sistemático, após a Primeira Guerra Mundial, juntamente com outras ciências sociais, procurando compreender as crises e convulsões que abalavam o mundo. Um desafio era formulado aos cientistas sociais: "Como é possível preservar os valores de liberdade e os direitos humanos em condições de crescente tensão social e de arregimentação? Poderá a ciência dar uma resposta?"[6]. E os psicólogos sociais se puseram a campo para estudar fenômenos de liderança, opinião pública, propaganda, preconceito, mudança de atitudes, comunicação, relações raciais, conflitos de valores, relações grupais, etc.

É nos Estados Unidos, com sua tradição pragmática, que a Psicologia Social atinge o seu auge, a partir da Segunda Guerra Mundial, através de pesquisas e experimentos que procuravam procedimentos e técnicas de intervenção nas relações sociais para garantir uma vida melhor para os homens. Os temas de estudo continuavam sendo os mesmos; partindo ou não de sistemas teóricos da psicologia, todos se voltavam para a procura de fórmulas de ajustamento e adequação de comportamentos individuais ao contexto social.

A sociedade era um dado, um pano de fundo de um cenário, onde o indivíduo atuava, e desta forma procurava-se explicar o seu comportamento por "causas" internas, tais como traços de personalida-

(6) W. Allport. "The Historical Background of Modern Social Psychology", in Lindzey, G e Aronson, E. *The Handbook of Social Psychalagy,* Addison-Wesley Pub. Co., USA. 1968.

de, atitudes, motivos, quando não por instintos. E uma Psicologia Social que isola o indivíduo, criando uma dicotomia entre ele e a sociedade — um poderia influenciar o outro, mas se tratavam de dois fenômenos distintos.

Durante a década de 1950, parecia que a Psicologia Social daria respostas a todos os problemas sociais, e este clima de otimismo persistiu durante os primeiros anos após 1960, sem que se observasse grandes mudanças; o preconceito continuava gerando violências; nas fábricas, as greves se sucediam; no campo, a miséria aumentava e, nos centros urbanos, o homem se desumanizava. O acúmulo de dados de pesquisas vai permitir uma análise crítica dos conhecimentos até então obtidos, constatando-se que, se um estudo afirmava a relação positiva entre duas variáveis, um outro estabelecia uma relação negativa entre elas, e um terceiro demonstrava não haver qualquer relação entre as duas.

A proposta inicial de se acumular dados de pesquisas para depois se chegar à formulação de teorias globalizadoras, se mostrou inviável e começam a surgir críticas e questionamentos que irão caracterizar a "crise da Psicologia Social" título de vários artigos publicados nos Estados Unidos e em países da Europa.

É na Europa, principalmente na França e na Inglaterra, onde surgem, no final da década de 60, as críticas mais incisivas à Psicologia Social norte-americana, denunciando o seu caráter ideológico e, portanto, mantenedor das relações sociais. Obviamente, nada poderia ser *alterado* nas condições sociais de vida de qualquer sociedade, se a base fossem os conhecimentos desenvolvidos até aquele momento.

Nos países da América Latina, a Psicologia Social, em maior ou menor grau, reproduzia os conhecimentos desenvolvidos nos Estados Unidos, aplicando-se os conceitos e adaptando-se técnicas de estudo e de intervenção às condições próprias de cada país, enquanto as pesquisas ditas "puras" continuavam à procura de *"leis* universais", que devem reger o comportamento social de indivíduos,

Há um livro publicado no México, intitulado *Psicologia Social en América Latina,* compilando pesquisas realizadas em vários países do continente; salvo raras exceções, a maioria dos relatos se referem ao uso de questionários, testes, outros procedimentos utilizados em pesquisas realizadas nos Estados Unidos e cujos resultados são analisados em comparação com estes, sem acrescentar nada de específico de cada um dos países.

A crise da Psicologia Social é denunciada no Congresso de Psicologia Interamericana, realizado em 1976 em Miami, com a participação de psicólogos sociais de vários países da América Latina, os quais esboçam algumas críticas metodológicas e teóricas, porém sem contribuírem com qualquer proposta concreta para a superação dos impasses.

No Congresso seguinte, em 1979, ocorrido em Lima, Peru, a situação se apresentou outra — as críticas eram mais precisas e novas propostas surgiram, visando uma redefinição da Psicologia Social. Para este encontro, organizamos um Simpósio sobre a Pesquisa em Psicologia Social na América Latina, e através de referências de colegas contactamos com cientistas do México, do Peru e do Brasil para que participassem, relatando os problemas sentidos e as perspectivas existentes para o pesquisador, em cada um dos seus países. Cada um de nós preparou a sua apresentação, sem maiores informações ou contactos.

Em Lima, nos encontramos na apresentação do Simpósio, e desde as primeiras palavras formuladas fomos percebendo uma estranha coincidência: eram três visões, mas através de uma só perspectiva, entre representantes de três países com pouco intercâmbio científico, mas com condições de trabalho semelhantes, que geraram posturas semelhantes.

No final do Simpósio ressaltamos esta coincidência, chamando a atenção do seu significado, para o que deveria ser uma Psicologia Social voltada para as condições próprias de cada país latino-americano, e descobrimos que muitos outros psicólogos sociais se identificavam conosco.

Ainda neste Congresso foi discutido na Assembléia da Associação Latino-Americana de Psicologia Social — Alapso — a necessidade de maiores intercâmbios, em primeiro lugar, entre cientistas de cada país para, em um segundo momento, fortalecer a entidade mais ampla.

No Brasil, se reproduz o quadro descrito para a América Latina. A influência maior, na psicologia, foi sempre a norte-americana, através de seus centros de estudos, para onde iam se aperfeiçoar cientistas e professores, ou de onde vinham professores universitários, convidados para cursos em nossas Faculdades, como foi o caso do Professor Otto Klineberg, que introduziu a Psicologia Social na Universidade de São Paulo, ainda na década de 50.

E, por sinal, o primeiro livro de Psicologia Social publicado no Brasil foi a tradução da obra de Klineberg, em 1959, contendo tópicos como cultura e Personalidade, Diferenças Individuais e Grupais, Atitudes e Opiniões, Interação Social e Dinâmica de Grupo, Patologia Social e Política Interna e Internacional.

Esta Psicologia Social continuou sendo ensinada, com pequenas reformulações devido a novas pesquisas, nos cursos de Psicologia, criados a partir de 1962, sem grandes alterações. A insatisfação existia, mas sem conteúdos alternativos. O que se procurava fazer era confrontar teorias, conceitos, resultados de pesquisa, com fatos do nosso cotidiano, visando criticar esses modelos naquilo em que não explicavam a nossa realidade. Por outro lado, se estimulava a pesquisa sistemática, como forma de questionamento teórico e, também, de um melhor conhecimento do que ocorria em nosso meio.

Durante este período havia uma questão, freqüentemente feita por alunos e por nós mesmos, que se colocava como um desafio: "Compreendemos como o indivíduo é influenciado pela sociedade, mas como ele poderá se tornar autor desta sociedade, como ele poderá ser responsável pelo curso da história?".

Pelo jeito, estávamos na "estaca zero", igual a Comte no séc. XIX...

Após o Congresso de Psicologia Interamericana, no Peru, um grupo de psicólogos sociais brasileiros, vinculados à Alapso, resolveu promover um Encontro de Psicologia Social, com seminários sobre problemas urbanos e grupos de trabalho sobre temas pesquisados. Neste encontro surgiu a proposta de criação de uma Associação Brasileira de Psicologia Social (Abrapso), visando um maior intercâmbio entre cientistas de diferentes regiões, e baseada em preocupações comuns aos presentes, que foram expressas em um documento, do qual transcrevemos:

"As oportunidades de ação para o psicólogo social brasileiro restringem-se geralmente a três campos específicos: a universidade, onde poucos cientistas de renome nesta área trabalham em relativo isolamento, buscando no exterior eco para suas preocupações acadêmicas; a indústria, onde o psicólogo dedica-se à seleção de pessoal e ao ajustamento dos empregados às condições que lhes são oferecidas ou, por último, o mercado de manipulação de opinião pública, onde seus conhecimentos e técnicas ficam a serviço dos interesses econômicos e políticos dominantes.

"Ao psicólogo social que não se dispõe a defender tais interesses, resta o confinamento às universidades ou instituições afins, diante da ausência de oportunidades para uma ação concreta transformadora junto à comunidade.

Os próprios profissionais de psicologia, especialistas em outras áreas, ignoram o papel possível do psicólogo social, definindo-o como um acadêmico, interessado em pesquisas sociais. Não obstante, dadas as condições em que vive a maioria da população brasileira, sem oportunidade de acesso ao atendimento psicológico oferecido à pequena elite, cabe justamente ao psicólogo social a implantação de uma assistência psicológica em larga escala, através da aplicação de seus conhecimentos junto a grupos e organizações populares.

"Evidentemente, o confinamento do psicólogo social, assim como do sociólogo e do antropólogo, às instituições acadêmicas, tem um sentido político. Impedida de concretizar seus ideais, tendo a voz e a ação sistematicamente abafadas, a maioria desses cientistas tem se dedicado a inúteis jogos de palavras que ressoam em um espaço muito restrito. Neste pequeno círculo vigora o culto aos debates que, nem sempre relevantes, cumprem a função de autolegitimar o grupo e permitir-lhe eleger, periodicamente, novos líderes. Diante deste quadro alguns cientistas sociais brasileiros manifestam intensa perplexidade e desconforto.

"Entre os psicólogos sociais, esta perplexidade soma-se a outra, de caráter mais amplo, decorrente do impasse em que se encontra atualmente a área de psicologia social. Na Europa e nos Estados Unidos psicólogos sociais renomados questionam hoje os objetos tradicionais de estudo desta matéria, tentando definir seu campo de ação e descobrir novos caminhos metodológicos para pesquisas. É a chamada 'crise da psicologia social', que tem sido amplamente debatida nos meios acadêmicos.

"No Brasil esta 'crise' tem sentido enquanto busca de novas idéias teóricas que fundamenta a ação social concreta do psicólogo em nosso meio. Infelizmente não produzimos até hoje conhecimento científico radicalizado na reflexão sobre nossa própria realidade social e, em decorrência, continuamos a importar teorias psicológicas nem sempre aplicáveis. A dependência cultural tem se refletido até mesmo nos temas mais freqüentes da investigação da Psicologia Social, geralmente escolhidos sem qualquer preocupação com aspectos de relevância ou aplicabilidade ao contexto brasileiro. Assim, contrariamente ao que ocorre em países desenvolvidos, não temos utilizado esta ciência para responder às questões sociais específicas do momento histórico que vivemos.

"Em certa medida, a tendência do psicólogo a importar modelos explicativos de contextos sociais alienígenas decorre de sua própria formação, carente de visão mais ampla da realidade sócio-cultural brasileira. Por esta razão, torna-se imprescindível seu contacto com outros cientistas sociais, tradicionalmente comprometidos com o estudo dessa realidade[7]."

(7) Transcrito de *Anis do I Encontro Nacional de Psicologia Social.* Apresentação de Marília de Andrade.

INDICAÇÕES PARA LEITURA

Para aprofundar a questão das teorias psicológicas é uma leitura interessante *A Definição de Psicologia,* de Fred Keller (Ed. Pedagógica e Universitária Ltda., São Paulo, 1975), onde o autor expõe as principais correntes teóricas da Psicologia e suas concepções a respeito do objeto de estudo, fazendo um confronto entre os aspectos comuns e as especificidades de cada abordagem. É uma leitura agradável, numa linguagem simples, mas consistente.

Uma complementação necessária para a questão da ideologia é a leitura de O *que é Ideologia,* de Marilena de Souza Chauí (Ed. Brasiliense, São Paulo, 1980), principalmente o capítulo referente a "A Concepção Marxista de Ideologia", onde a autora expõe, partindo de Hegel, o pensamento de Marx e Engels, chegando até a contribuição de Gramsci ao tema.

Para se compreender o capitalismo, mais especificamente, o brasileiro, a obra de Afrânio Mendes Catani, O *que é Capitalismo* (Ed. Brasiliense, São Paulo, 1980) é uma leitura importante para se situar historicamente na realidade brasileira, principalmente a Parte 2: "O Capitalismo no Brasil".

Para aprofundar a questão da Linguagem, o livro de Robert F. Terwilliger, *Psicologia da Linguagem* (Ed. Cultrix/Edusp, São Paulo, 1974), apresenta a questão a partir de um enfoque social e analisa as principais teorias sobre a linguagem, seja do ponto de vista da aprendizagem, (Capítulo 3), seja quanto ao significado (Capítulo 4), seja quanto a contribuições de outras áreas. Quem quiser apenas se ater à problemática social da linguagem basta a leitura dos Capítulos I e X, respectivamente, "O Estudo Psicológico da Linguagem" e A Linguagem Como Arma".

Também o livro de Judith Greene, *Pensamento e Linguagem* (Zahar Eds., Rio, 1976), analisa as contribuições de diferentes perspectivas teóricas sobre a relação entre pensamento e linguagem, concluindo sobre a inseparabilidade de ambos.

As obras de Alexis N. Leontiev: O *Desenvolvimento do Psiquismo* (Livros Horizonte, Lisboa, 1978), e *Actividad, Conciencia y Personalidad* (Ed. Ciencias del Hombre, Buenos Aires, 1978) foram fundamentais para a nossa análise da consciência, da sua relação com pensamento, linguagem e atividade. São textos mais pesados, mais técnicos, porém depois que se enfrentam as primeiras páginas e que se familiariza com a linguagem do autor, eles se tornam leitura fascinante. É interessante notar que são obras de psicologia onde a questão de se toda a psicologia é ou não social nem sequer é cogitada — o homem é um ser biológico, social e histórico.

Para uma leitura sobre a Psicologia Social tradicional existem vários textos organizados por Peter Herriot, da City University de Londres, que apresentam os principais conceitos e pesquisas desenvolvidas, com uma visão crítica do que vem sendo produzido pela Psicologia Social. É o caso de *Comportamento Social,* de Kevin Wheldall (Zahar Eds., Rio de Janeiro, 1976), de *Valores, Atitudes e Comportamento,* de Ben Reich (Zahar Eds., Rio de Janeiro, 1976), e de *Psicologia e Estrutura Social,* de Barrie Stacey (Zahar Eds., Rio de Janeiro, 1975).

Sobre o autor

Formei-me em filosofia na USP em 1956. De 1956 a 1960 trabalhei no Centro Regional de Pesquisas Educacionais. Comecei a lecionar na PUC-SP em 1960.

Desde então dedico-me a estudos e pesquisas no campo da Psicologia Social, em um esforço permanente de revisão crítica e aperfeiçoamento metodológico. Acredito que só assim a Psicologia Social poderá consolidar-se como ciência e contribuir para a construção de uma sociedade melhor.